U0555674

板厂峪长城

研学攻略

GO

刘海臣 侯春仙 茹 伟◎主编

燕山大学出版社

·秦皇岛·

图书在版编目（CIP）数据

板厂峪长城研学攻略 / 刘海臣，侯春仙，茹伟主编. —秦皇岛：燕山大学出版社，2022.7
ISBN 978-7-5761-0252-9

Ⅰ. ①板… Ⅱ. ①刘… ②侯… ③茹… Ⅲ. ①教育旅游－小学－教学参考资料 Ⅳ. ①G622.429

中国版本图书馆 CIP 数据核字（2022）第 057745 号

板厂峪长城研学攻略

刘海臣 侯春仙 茹 伟 主编

出 版 人：陈 玉			
责任编辑：王 宁		策划编辑：裴立超	
责任印制：吴 波		封面设计：吴 波	
出版发行：燕山大学出版社 YANSHAN UNIVERSITY PRESS		地 址：河北省秦皇岛市河北大街西段 438 号	
邮政编码：066004		电 话：0335-8387555	
印 刷：秦皇岛墨缘彩印有限公司		经 销：全国新华书店	

尺 寸：185mm×260mm 16 开		印 张：7	
版 次：2022 年 7 月第 1 版		印 次：2022 年 7 月第 1 次印刷	
书 号：ISBN 978-7-5761-0252-9		字 数：100 千字	
定 价：28.00 元			

版权所有 侵权必究
如发生印刷、装订质量问题，读者可与出版社联系调换
联系电话：0335-8387718

编　委　会

顾　　　　　问：董耀会　岳会仁

编 委 会 主 任：刘敬谦　陈　昱　晁迎锋　马丽娅

编委会执行主任：刘燕明　马庆荣

编委会副主任：张　荻　李新权　徐　岩　赵　博

编　　　　　委：宋　军　郭艳彬　尹丽明　李海波　唐爱华
　　　　　　　　韩英伟　朱　红　党　蕾　马长缨　彭红蕊
　　　　　　　　张文慧　高　静　黄子淳

主　　　　　编：刘海臣　侯春仙　茹　伟

副　主　　　编：黄　涛　王　慧　陈　蕾　王　莹　杜　娟
　　　　　　　　张　静　张　伟　陈红军

编　写　　　者：张　哲　高　盈　甘　甜　王　晨　张文颖
　　　　　　　　刘亚男　董　培　王晓红　朱　旭　李　颖
　　　　　　　　王玉荣　王雅迪　冷　霜　尹　璐　单　静
　　　　　　　　王　悦　褚荣霞　康　娜　王金霞　刘　蕊
　　　　　　　　陈　立　张宏伟　李秀伶　陈　阳　刘　爽
　　　　　　　　张晓涵　刘　宁　崔丽媛　肖　辉　赵久涛
　　　　　　　　王　岩　吴菁阳　李　霖　曹　悦　苏　平
　　　　　　　　张秀贤　刘倩玉

美　术　编　辑：黄子淳

我在长城等你

（代序）

　　我喜欢和孩子们一起去爬长城，去体验和感受长城的雄伟和荣耀，从 2007 年走进家乡秦皇岛的小学给孩子们讲长城，也是那一年第一次带着家乡的小学生爬长城。那些孩子现在有的已经在读博，有的已经走上了不同的工作岗位，但他们一直记着长城。

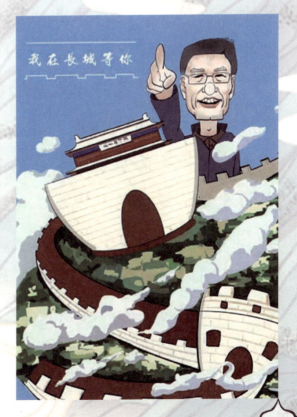

　　鲁迅说过一句话："伟大也要有人懂！"长城无疑是伟大的，但我们真懂得长城的伟大吗？大家都知道长城，对长城的历史和长城在历史上的作用又知道多少呢？

　　长城研学手册《板厂峪长城研学攻略》就是要让同学们在长城研学的过程中多了解长城的历史和文化，多了解一些故事。

长城之伟大，可以用两个"长"来概括。第一是长城体量的长，万里长城万里长。第二是长城历史的长，从春秋战国开始，长城已有两千多年的历史。长城到底有多长？国家认定的中国历代长城，还有遗址遗迹的长度是21196.18千米。从春秋战国开始，一直到明朝，有20多个诸侯国和王朝修建过长城。

不仅要知道长城有多长、历史有多长，还要认识长城的历史作用和价值。长城具有十分丰富的历史、艺术和科学价值。在人类社会生活和文明的发展过程中，人类始终面临三大基本问题：生死存亡、文明秩序的构建、文明的发展和延续。长城存在的价值与解决人类面临的这三大基本问题息息相关。

生死存亡是人类面临的第一大基本问题。长城作为防御体系，首先要解决农耕民族的生存问题。与生死存亡相比，任何利益都处于次要位置，这对于长城以北的游牧民族亦然。有序的交流与发展总体上有利于农牧双方的长远利益。

文明秩序的构建是人类面临的第二大基本问题。人类有合作发展、寻求双赢或多赢的愿望，也有为了追求利益而互相排斥、对抗甚至争斗的事实。长城的存在调整了农耕和游牧两个民族之间的冲突，减少了双方发生战争的次数，在那个时代部分地解决了不同文明之间的冲突问题。

文明的发展和延续是人类面临的第三大基本问题。长城的存在为中华文明的发展和延续提供了保障。中国作为有着五千年历史的文明古国，保持着几千年绵延不断的历史记载，形成了独特的文化脉络与体系。中国人民世世代代劳动、生息、繁衍在这片辽阔的土地上。

　　说到长城，人们首先想到的是攻打和戍守坚固的城墙，是永不散去的烽火硝烟。其实这并不全面，长城上打过仗的地方很少，打仗的时间就更少了，长城是预防战争的手段。一般人理解，长城是为打仗而修筑，我始终强调长城是为不打仗而存在的。有了长城，战争的数量、规模都大幅度地减少和缩小了，所以说长城是和平的象征。

　　长城有深厚的文化底蕴，长城的背后有很多古老而又神秘的故事。秦皇岛小学的长城研学，从最初的 3 所小学已经发展到 12 所小学。2021 年，燕山大学长城文化研究与传播中心为秦皇岛市海港区和山海关区的 12 所首批长城文化实验校授牌，标志着长城研学进入一个新的发展阶段。

　　长城研学就是要带领同学们走进长城的过去、现在和未来，在探寻长城的神秘故事中，让他们认识长城的文化精神价值，做一个有长城精神的中国人。我会一如既往地陪着同学们一起往前走。

董耀会

2021 年 12 月 30 日

目录

校外研学项目

1	一	伟大的工程
5	二	远古的溶洞
9	三	神奇的工艺
15	四	火与水的考验
22	五	祖先的遗产
30	六	穿越火线
34	七	红色的洗礼
39	八	长城守卫者
45	九	长城上的美食
49	十	筑起新的长城
54	十一	我们的心声
58	十二	站在长城上看世界

目录

校内研学攻略

63　长城人物访谈课

69　板厂峪研学开题课

73　团队领袖培训课

78　家长志愿者培训课

82　语文学科项目课

87　寻找共和国最亮的"卫国星"

90　音乐学科拓展课

94　研学文明礼仪课

97　长城研学延展课

一  伟大的工程

长城是一项伟大的工程，从东到西横跨了中国北方大部分地区。从东北平原，经华北平原、黄土高原、内蒙古高原，蜿蜒至新疆天山南北的广阔绿洲，经过 97 个地级市、404 个县。在历代长城中，明长城保存相对完整，长度 8851.8 千米。这么庞大的工程，是如何修建的呢？

长城的修建本着因地制宜、就地取材、以险制塞的原则。板厂峪有丰富的山石、黄土、煤矿、铁矿等资源，是长城修建的后勤保障基地。

研学准备

专题研究

修筑长城大多就地取材，我要查阅资料看看哪儿的长城会用到下面的材料。

填一填：嘉峪关长城、河西地区长城、固关长城、八达岭长城、玉门关长城。

（　　　　）夯土长城

（　　　　）土坯垒砌

（　　　　）砖石混合砌墙

（　　　　）石砌墙

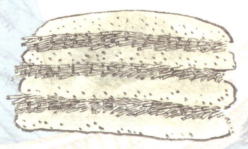

板（　　　　）红柳土块砌墙

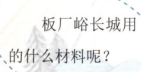

板厂峪长城用的什么材料呢？

研学准备

领袖分工

搬运方式分两种

人力运送 人背　肩扛　用筐挑 杠子抬　排成长队传递	**借助外力搬运** 车子　滚木　飞筐走索 山羊　毛驴　骡子
①	②

　　我们团队分两组，一组进行人力运送，另一组借助外力搬运。我们根据选择的搬运方式提前研究一下具体的操作步骤。

人力运送的人员名单及分工：

借助外力搬运的人员名单及分工：

体验搬运长城砖场地划分

A 区	人力搬运
	借助外力搬运
B 区	人力搬运
	借助外力搬运
等候区域	

请看我们给大家的温馨提示

砖：搬运我时注意轻拿轻放哦。

人：保护好自己的安全才能更好地完成任务。

用具：同学们可要记得爱护我们呀，我们可是搬运城砖的"功臣"哟！

团队：我们分工明确，各尽其职。

通 关 文 牒

游板厂峪长城，闯文化关口

恭喜你的团队在第一关伟大的工程

表现优异，被评为

大国工匠   大国巧匠   大国良匠

特颁此牒，以资鼓励

大明工部 颁

二 远古的溶洞

鬣狗洞是一座尘封了不知多少时光的天然石灰岩溶洞。2003 年至今，鬣狗洞先后出土了世界上保存最为完整的斑鬣狗化石 2 具、斑鬣狗头骨化石 58 个，同时发现 30 多种史前动物化石。化石骨架完整程度堪称世界之最。鬣狗洞斑鬣狗化石群是来自远古时期的生命密码，等待着我们去解密。

大约 3 万年前，斑鬣（liè）狗和猛犸象、剑齿虎等多种哺乳动物一起广泛分布在亚欧大陆上，之后它们陆续灭绝。让我们一起去探索这座神秘的洞窟，去认识斑鬣狗吧。

研学准备

整理信息

我是斑鬣狗,毛色为土黄或棕黄色,带有褐色斑块,我是猫形亚目鬣狗科动物。我的上颌犬齿不发达,但下颌很强大哦,是非洲除了狮子以外最强大的肉食性动物。

整理出斑鬣狗的四项重要信息。

色

齿

斑鬣狗

食

其他

随想:_____

_____

_____

猜一猜下面哪个是斑鬣狗头骨，在对应的方框里打"√"。

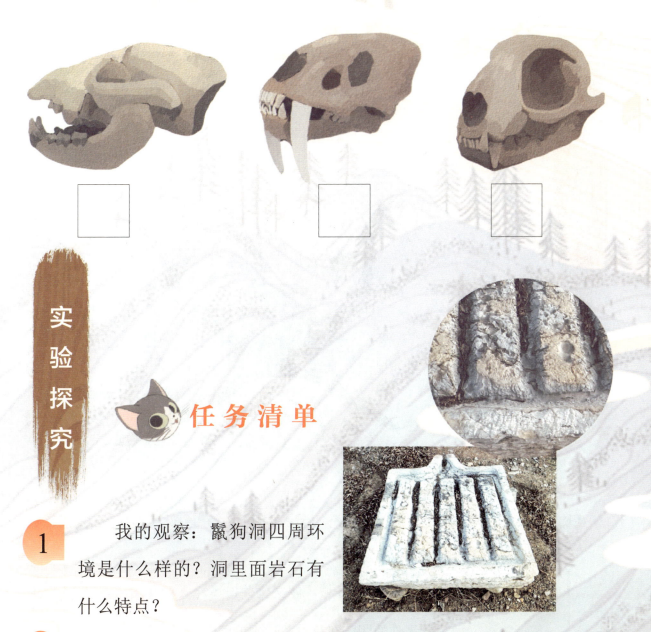

实验探究

任务清单

1 我的观察：鬣狗洞四周环境是什么样的？洞里面岩石有什么特点？

2 我的疑问：这样的岩石是怎样形成的？和周围环境有关系吗？

3 我的探究：这里的岩石叫石灰岩，石灰岩溶洞的形成和酸雨有关。我们选一块石灰岩，往上滴稀盐酸，结果会怎样呢？（注意：稀盐酸不要与皮肤接触，做完实验后立即洗手。）

展 示 交 流

我 的 收 获

　　我用思维导图的形式梳理"溶洞"和"化石"形成的条件。

溶洞　　　　　　　　　化石

通 关 文 牒

游板厂峪长城，闯文化关口

恭喜你的团队在第二关远古的溶洞

表现优异，被评为

乡试解元　　会试会元　　殿试状元

特颁此牒，以资鼓励

大明礼部 颁

三 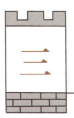 神奇的工艺

在明朝以前，长城的建筑材料以石块和沙土为主。到了明朝中期，有条件的地方全部改为包砖结构。在长城文化展馆里，我们就能看到很多长方形大块烧制青砖，这就是长城砖。

其实，长城砖的种类有很多。我们先认识一些不同形制的砖和它们的用途，然后了解砖的制作过程，最后再动手体验制作长城砖，感受古人的智慧和工匠精神。

你能把不同的砖与它在城墙上的位置连起来吗？

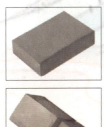

为什么设计成这样奇形怪状的呢？

9

研学准备

发现问题

你知道

垛顶砖为什么是尖的？

垛口尖砖为什么被削掉两个角？

垛口石中间的圆孔是用来做什么的？

垛顶砖在城墙的最顶端，尖顶的形状不但可以防止敌人攀登城墙，更有利于排开落在上面的雨雪，防止雨雪堆积、渗入墙体，延长城墙的使用寿命。

垛口尖砖是……

不同形制的长城砖镶嵌在长城的不同位置上，发挥着不同的作用。

长城上还有很多种长城砖，我们去找一找吧！

明朝时期制作青砖所需的材料

良好的黄土资源

+

铝矾土

+

水源方便

为减少劳动力，制砖所需材料最好能够就地取材。那么，为什么会在板厂峪建砖窑呢？

足够量的木材

+

足够量的煤炭

发现问题

制作砖坯的流程

制砖的主要原材料是良好的黄土（铝矾土），多选择黄土。人们在春、夏、秋季采土，晾晒一年之后才能用来制作砖泥。然后，用石碾子将储备了一年的黄土碾压成粉状，再按比例掺入煤面，掺和均匀，再加入一定量的水，搅拌混合成砖泥。

用石碾子压　　　　　用锄镐搅拌　　　　　赶牛踩

研究完取土、搅拌、和泥这三道工序之后，我有了新的疑问。

为什么_____？

为什么_____？

……

实地探究

追求卓越

研研团队：安静有序，认真倾听，执着细节，争做大国工匠。

学学团队：虚心学习，精雕细琢，坚持不懈，争做大国良匠。

先听讲解，再为砖坯制作流程图标上序号。

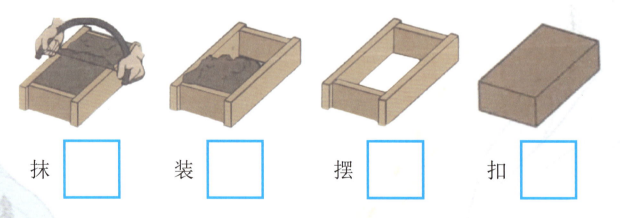

抹 □   装 □   摆 □   扣 □

实地体验后，概括每道工艺的核心技术，简单记下来吧。

摆 _____   装 _____

抹 _____   扣 _____

实地探究

会说话的长城砖

有些长城砖在烧制之前刻上了字，标明年代、产地、窑厂名称、窑户及工匠姓名，这样的砖叫作纪铭砖。如："万历六年镇虏骑兵营造""万历四年保河宫造""万历五年山东左营造"等。在长城砖上刻字是为了追溯有据，因为城砖的质量好坏关系到长城的安危。

你做的砖刻了什么字？有什么用意？

秩序、和平、安全、富强……我要刻上传播长城文化的字。

13

展示交流

"砖"家团队谈制作

宋应星（1587—?）
明代科学家

"（土）皆以粘而不散、粉而不沙者为上。汲水滋土，人逐数牛错趾，踏成稠泥。然后填满木匡之中，铁线弓戛（jiá）平其面，而成坯形。"

——宋应星《天工开物》

我谈制砖用的**土**

大国工匠要执着细节，做砖用的"土、水、泥、倒模"都要恰到好处，我们团队有独特的感受：

我谈制砖用的**泥**＿＿＿＿＿＿＿＿＿＿＿＿＿＿

我谈制砖过程中的**倒模**＿＿＿＿＿＿＿＿＿＿

我谈＿＿＿＿＿＿＿＿＿＿＿＿＿＿＿＿＿＿＿

通 关 文 牒

游板厂峪长城，闯文化关口

恭喜你的团队在第三关神奇的工艺

表现优异，被评为

大国工匠 **大国巧匠** **大国良匠**

特颁此牒，以资鼓励

大明工部 颁

四  火与水的考验

制砖是一项很重要的生产技术，在中国有两千多年的悠久历史。工匠把做好的砖坯有序摆放到砖窑，砖坯经过水与火的考验，浴炼成青砖。秦皇岛境内的包砖城墙，历经几百年风霜雨雪的侵蚀，至今仍保存完好。

2002 年在板厂峪长城公园发现了长城窑址遗址群，迄今已探明 217 座，是我国发现年代最早、规模最大、保存最完整的长城窑址群遗址。

为啥那个地方不长庄稼？

准备与实践

细致观察

你看，窑里的砖坯摆放得很有规律。

它像拖拉机车辙的痕迹，还像炕席的花纹，呈"人"字形。砖窑里煅烧的砖为什么要如此摆放呢？

实地观察，我发现_____号砖窑里的砖坯摆放得很有规律。

准备与实践

我们先来看看砖窑结构。砖窑由窑门、窑室、工作面三部分组成。窑门均为半圆形券门，用青砖砌成。窑室由火膛、窑床、烟囱等部分组成。工作面是指窑室与窑道间的焚口、窑道下的风洞和运输通道。

细致观察

把下面的字母根据位置填到图片中：

a. 工作面，窑工站在这里添加燃料，清理灰烬。

b. 风道，位于操作室中央下方，用来为砖窑通风并收集灰烬。

c. 火膛，呈弧形，能增大受热面积。

d. 窑床上的砖坯。

e. 烟囱，从窑底把烟排出地面。

实地观察砖窑结构，在图中标注出所在位置，还可以拍照帮助记忆。

准备与实践

封窑后开始烧砖。窑室内温度升至800℃，持续烧制4～5天。其间，工匠要时刻观察三个烟囱的情况。在这个过程中，烟囱冒出的烟这样变化：黑色—微红—红色—白色。工匠依次将冒白烟的烟囱堵严，三个烟囱全部堵上，长城砖就烧好了。

看，我是红色的。

别以为这样就结束了，还有个变脸的环节呢！

现在变成青色的了，快带我去修长城吧！

准备与实践

细致观察

烧砖对火候的要求很高，《天工开物》中介绍，不同火候烧出来的砖性能有很大差别。

正常的砖。

火候少三成，仍为土黄颜色，易松散。

实地找一找，辨认一下吧！

火候多一成，出现裂纹。

火候多三成，砖缩小、弯曲、破裂。

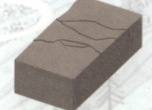

每一块青砖的烧制都浓缩了工匠精湛的技艺，那是他们血汗与智慧的结晶。

实地探究

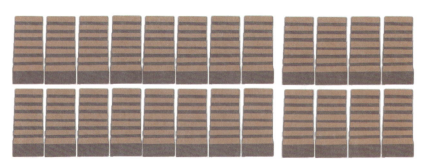

体验摆放

做好的砖坯马上入窑了，但其中有2只偷懒的猫，用圆圈把它们画出来吧！

实地探究

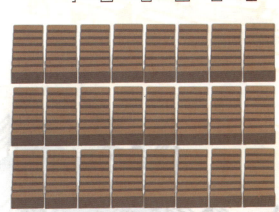

我们小组合作，不做偷懒的小猫。

任务清单

1. 动手试一试，怎样摆放砖坯有利于烧制。

2. 模仿窑门、火膛、烟囱的位置，合理设计砖窑结构。

3. 交流汇报烧砖流程。

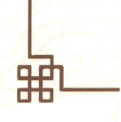

通 关 文 牒

游板厂峪长城，闯文化关口

恭喜你的团队在第四关火与水的考验

表现优异，被评为

大国工匠 大国巧匠 大国良匠

特颁此牒，以资鼓励

大明工部 颁

五　祖先的遗产

 小研，你等等，这里有一个民间长城文化展馆。我们必须去看看！

民间长城文化展馆？
这是谁的呀？这么厉害！

 听说是长城文物保护员许国华爷爷亲自创办的。里面陈列了许爷爷从长城上、鬣狗洞里和长城周边寻找到的宝物。

宝物？
都有啥宝物？

 有各种样式的长城砖，各种形制的石器、火器，以及明清时期民间生活用品，汇集了多种民俗与长城文化。这里的一草一木、一砖一瓦，都有着有趣的故事，我们一起去学学。

我们和文物穿越到下面两个场景，提出研究问题，确定研究方向，为实地研学作好准备。

佛朗机

明代常见的葡式火炮，轻巧，可换炮弹，可瞄准远距离目标。

作战场景

石炮

明代石炮内装火药 2 斤，用一个大石弹塞住炮口，一旦敌人靠近城墙，守军就可以点燃药线引炸石炮。

火铳（火筒）

世界上最早的金属射击火器，属于火门枪。

铁蒺藜

类似近代地雷，是有着巨大威力的武器。

将士们依靠这些武器提高防御能力。

23

研学准备

生活场景

黄饼铛子

又称鏊（áo）子，一种炊具，是义乌兵来此修筑长城时带过来的。

古代的冰箱，用来盛放冰块。冰块上方，可以冷藏瓜果。随着冰块融化，还有空调的作用。

木冰箱

剃头挑子

最早来源于古代用扁担扛着自己理发用具的理发师，他们的扁担一边是客人理发用的凳子，另一边是一个圆筒笼，里面有火炉、脸盆和热水。

这些生活用品为长城沿线人民的生活提供了方便。

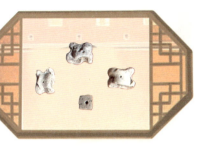 

研学准备

这是啥？

嘎啦哈

这是许国华先生 2014 年修长城的时候在板厂峪六眼楼里发现的，它有一个有趣的名字——嘎啦哈。过去驻守在长城的战士和家眷们，在和平时期经常玩这个游戏。这个游戏怎么玩呢？

实地探究

经过前面的学习，我们对长城文化展馆的文物有了一定的了解。下面，我们就要实地探究了。出发前，我们还要了解一些参观文化展馆的注意事项。

走路时
要放轻脚步

参观时
要保持一定距离

拍照时
要关闭闪光灯

交流时
要轻声细语

入馆须知

实地探究

看　观察文物的形状特点。

量　测量文物的长、宽、高以及口足大小。

记　记录文物的名称、年代、用途。

拍　给文物拍照，注意以下几点：
1. 保证文物安全！
2. 使用平拍的方式，确保真实性。
3. 了解文物的历史背景，选择不同的角度拍摄。

画　回到学校后，为记录的文物绘图。

出发

半剖面画法

剖面：假想把文物剖切一半，所展示的是内部构造。

半剖面画法：图画的左边是物体的四分之一剖面，右边是实物简图。

展示交流

感觉记录

对于感兴趣的文物，我要把它们记录下来进一步研究。

文物绘图

文物简介

名称：

年代：

大小：

用途：

文物绘图

文物简介

名称：

年代：

大小：

用途：

展示交流

选择主题：长城上的士兵或生活中的老百姓。

情景表演：你们小队能用情景剧的形式把喜欢的文物表演出来吗？把你的剧本写在下面吧！

通 关 文 牒

游板厂峪长城，闯文化关口

恭喜你的团队在第五关祖先的遗产

表现优异，被评为

卫所总旗　卫所百户　卫所千户

特颁此牒，以资鼓励

大明兵部 颁

六  穿越火线

由于守城士兵的疏忽，我们被敌军包围了，他们占领了军事重地长谷口，我们要想回到大本营重整人马，就必须要突出重围。减少士兵的伤亡是现在需要考虑的现实问题，首先我们来看一看这里的地形图。

明朝时期，长谷口是蒙古骑兵进入中原腹地的必经之路。它独特的地理位置很像我们熟知的一些关隘，如历史记载的阳平关、潼关等，属于军事要地。

"一夫当关，万夫莫开"的长谷口，就显得格外重要。

指挥台

品字窑

敌军进攻方向

军营

悬崖

南线长城

准备与实践

小研，此番蒙古骑兵来势汹汹，必有一场恶战。

听说对方首领很狡猾，我们要加强防范。

他们会趁着夜色偷袭吗？

我已布下天罗地网，定让他们有来无回！

研究办法

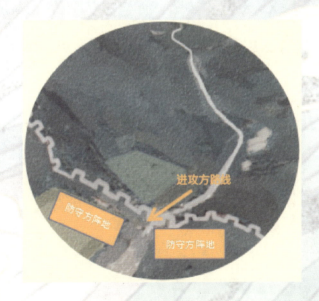

进攻方路线

防守方阵地

防守方阵地

冲锋陷阵阵地装备：

标志桶   沙包   障碍   绳梯

实践基地

甲、乙两队同时进行，两队一攻一守。首先抽签，定出攻方和守方。体验一次之后，甲、乙两队角色互换，再进行一次。

进攻方任务清单

进攻分为三个阶段。

第一阶段，躲避警戒哨；

第二阶段，通过火力交叉点；

第三阶段，争分夺秒（利用绳梯，高抬腿前进）。

防守方任务清单

1. 防守方要通过掷沙包攻击进攻队员。

2. 每人 2 个沙包，被砸到的进攻队员立即淘汰下场。

展示交流

_____

_____

_____

_____

_____

在攻防之中，我们采取的策略是什么？

延展活动

和子淳老师一起制作攻城兵器

材料准备

投石车底座×1

投石车木架×2

抛杆×2

梯子×2

弹仓部件×4

一根5毫米粗的木棍　一根2毫米粗的皮绳

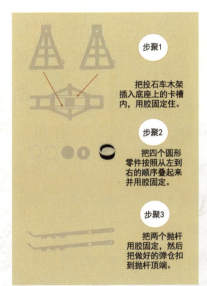

步骤1
把投石车木架插入底座上的卡槽内，用胶固定住。

步骤2
把四个圆形零件按照从左到右的顺序叠起来并用胶固定。

步骤3
把两个抛杆用胶固定，然后把做好的弹仓扣到抛杆顶端。

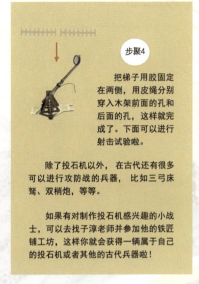

步骤4
把梯子用胶固定在两侧，用皮绳分别穿入木架前面的孔和后面的孔，这样就完成了。下面可以进行射击试验啦。

除了投石机以外，在古代还有很多可以进行攻防战的兵器，比如三弓床弩、双梢炮，等等。

如果有对制作投石机感兴趣的小战士，可以去找子淳老师并参加他的铁匠铺工坊，这样你就会获得一辆属于自己的投石机或者其他的古代兵器啦！

获得"千户"称号的团队，有机会和子淳老师一起做兵器哦！

通 关 文 牒

游板厂峪长城，闯文化关口

恭喜你的团队在第六关穿越火线

表现优异，被评为

卫所总旗　　卫所百户　　卫所千户

特颁此牒，以资鼓励

大明兵部 颁

33

七  红色的洗礼

生于和平年代，我们是多么幸运啊！饮水思源，那些为了今日之中国流血牺牲、披肝沥胆的英雄们，我们一刻也不能忘。他们用身躯铸就了中华民族坚挺的脊梁。老一辈革命者负重前行，才成就了我们今天的美好生活。

巍巍青山埋忠骨，在板厂峪明早期长城的西南坡上，沉睡着在抗日战争和解放战争时期牺牲的杨来、李国宽、孙万福、张玉臣、陆振西等63名烈士。我们在这里向英雄学习，向英雄致敬！

时代偶像

研学准备

什么样的面孔，让你泪流满面？
什么样的力量，让你心潮澎湃？

我从电视上看到过这样的英雄面孔，感受过这样的精神力量。

杜富国，在雷场进行扫雷作业时，面对生死抉择，他勇敢地对战友说："你退后，让我来！"铮铮铁骨，以血肉挡住危险，战友安然无恙，而他却失去了双眼和双手。

张富清，在解放战争的枪林弹雨中九死一生，两次获得"战斗英雄"荣誉称号。朴实勤勉，曾战功赫赫，却将奖章深藏在箱底，从不居功索取，只为坚守使命初心，默默奉献。

你心目中的英雄是谁呢？让我们一起寻找共和国的英雄，向英雄学习。

英雄照片或画像	颁奖感言

研学准备

饮水思源

致敬家乡英雄

在国家危难之时，革命先烈前仆后继，用血肉之躯筑起新的长城。

他们是值得我们敬仰的英雄，我们要亲手制作一朵小白花，向英雄致敬！

① 准备抽纸四张，剪刀一把，中等长的细白线一根。

② 中间用细绳扎起来，固定好。

③ 用剪刀在两头分别剪掉两个三角形。

④ 剪掉两头的三角形之后，展开成扇形。

⑤ 把两边的抽纸一层一层剥开。

我知道，在板厂峪就有杨来、李国宽等63名烈士，让我们拿着亲手制作的小白花去祭奠这些烈士吧！

研 学 准 备

你知道礼敬烈士墓时需要注意哪些礼仪吗？

礼敬烈士墓时需要衣着整齐，肃穆庄严；注意安全，严禁嬉闹。

我也知道……

（1）脱帽默哀

伴着沉痛的音乐，全体师生向革命烈士鞠躬默哀，把最崇高的敬意献给长眠的烈士，告慰英雄的忠魂。

（2）齐诵誓词

学习英烈，吾辈自强。
人民为先，祖国至上。
勤奋学习，自律担当。
奋发有为，誓做栋梁。
强国有我，再创辉煌。

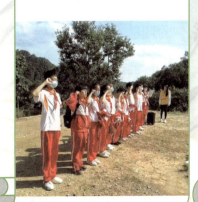

（3）肃立献花

团队领袖喊：全体同学，正衣冠，向烈士敬队礼，礼毕。全体师生怀着崇敬的心情，向烈士敬献自己亲手制作的小白花，表达哀思。

展示交流

研学展示

面对庄严的墓碑，我们心如潮涌；面对先烈的英灵，我们热泪盈眶。作为一名少先队员，我想对先烈说：

通 关 文 牒

游板厂峪长城，闯文化关口

恭喜你的团队在第七关红色的洗礼

表现优异，被评为

乡试解元　会试会元　殿试状元

特颁此牒，以资鼓励

大明礼部 颁

八 长城守卫者

长城是中国古代最伟大的军事防御工程。由于风雨侵蚀、人为破坏等原因，长城遭受了严重的破坏。秦皇岛从义务保护到规范立法设立长城保护员，走在了全国的前列。尤其是有了张鹤珊爷爷等长城保护员的辛苦付出，秦皇岛市的明长城成为全国长城中保护得最好的一段。

2019 年，《长城保护总体规划》发布。明长城保护要坚持不改变原状、最低程度干预、预防为主、分类保护和分级保护原则。

2021 年，河北省印发《长城国家文化公园（河北段）建设保护规划》，山海关段、金山岭段、大境门段和崇礼段被确定为重点保护区段。

研学准备

确定问题

长城的形态多种多样，即使同一朝代的长城也会有很大不同。观察板厂峪明代早期和晚期长城，让我们查找原因，跟随张鹤珊爷爷一起探寻保护这份世界文化遗产的方法吧！

 雨水冲刷　 水土流失　 沙漠化　 风蚀　 旅游开发　 城镇建设　 大型基础设施建设

 盐碱　 冻融　 地震灾害　 泥石流灾害　 居民生产生活　 不当干预

板厂峪长城是保存得最完整的吗？
保护长城有哪些措施？
小学生可以怎样参与长城的保护呢？

可以通过网络搜索、查阅书籍、人物访谈等方式，了解相关信息，确定采访问题。

确定采访问题

1. _____

_____

2. _____

_____

 40

实地探究

同学们好！我是明朝开国大将徐达。明洪武十四年（1381 年），我主持修建永平、界岭等三十二关，长谷口一线长城就是其中一段，它属于明早期长城。我们就地取材，用毛石垒砌边墙，墙体上建有实心的石砌战台。因山溪水大，沟谷口处墙体经常因水冲而垮塌，加之山势低矮，墙体不高，不利将士防守外敌。

观察明早期长城的特点，并在下面写出你的观察结果。

毛石垒砌

实心战台

 实地探究

同学们好！我是明代大将戚继光。隆庆二年（1568年），我调任蓟镇总兵，主持重修长城。我们用砖包石修葺城墙，并增设空心敌楼58座、烽火台2座、指挥台1座，最高的敌楼修建在880多米高的山顶上。长谷口北侧分水岭上山体巍峨险峻，在此修筑包砖带垛口边墙和空心敌台，工程精细坚固，更有利于将士们防御外敌。

下面有个空心敌台没有画完，请你把它画完整吧！

张鹤珊爷爷是中国长城学会的会员。40多年来，他从长城的义务保护员到政府聘用的长城保护员，日复一日，年复一年，怀着对长城的特殊情感，忠实地守护着长城。下面就让我们采访张爷爷，了解保护长城的知识吧！

怎么保护长城呢？

任务清单

● 专心倾听张爷爷的分享。

● 找到长城周边的垃圾并清理。

● 找到破损的长城墙体，并分析破损原因。

阻止乱刻乱画

阻止攀爬破损地段

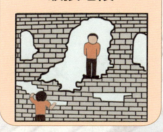

捡拾垃圾

把保护长城的一些措施画出来吧！

清理杂草

宣传爱护长城

展示交流

研 学 展 示

在采访张爷爷的过程中，把感兴趣的内容记录下来，一起来交流一下吧！

通 关 文 牒

游板厂峪长城，闯文化关口

恭喜你的团队在第八关长城守卫者

表现优异，被评为

卫所总旗   卫所百户   卫所千户

特颁此牒，以资鼓励

大明兵部 颁

九 长城上的美食

相传 400 多年前，一支由义乌人组成的军队远离家乡，在名将戚继光的带领下修筑蓟镇长城，戍守边关。站在高高的敌楼上，一眼望去是连绵的青山，看不到远在千里之外的家乡。摊黄黄、菩椤叶饼、馕坑烤肉、八大碗等美食美味，慰藉着思乡的守城士兵。

菩椤叶饼是板厂峪地区最具特色的美食。

北方粗粮较多，戍边士兵生活艰苦，他们在每年五月菩椤叶鲜嫩之时，将其采摘下来，晾干储存。

制作菩椤叶饼，需将玉米淀粉加开水调成糊状，涂抹在菩椤叶上，用韭菜、鸡蛋做馅儿，包裹黏合起来，蒸熟后馅香透着叶香，鲜美可口。

我想吃饺子了！

还是家乡的粽子好吃。

可这里只有菩椤叶子。

还有满地的韭菜。

母鸡下蛋啦！

就地取材做美食！

你听到什么声音了吗？

我的肚子在咕咕叫。

研学准备

探究流程

问一问，学一学，为下面的制作流程图标上序号。

☐ 准备好喜欢的馅料。

☐ 柞椤叶清洗干净后沥干水分。

☐ 放入适量馅。

☐ 上锅蒸15分钟。

☐ 借助小刮刀在柞椤叶光滑的一面抹匀。

☐ 对折，边捏紧。

☐ 玉米淀粉调成黏稠的米糊状。

制作过程中，要用到哪些工具？画一画。

实地探究

学习军纪　有序活动

《纪效新书》是戚继光创作的军事著作，是戚继光在东南沿海平倭战争期间练兵和治军经验的总结。

凡正行之间，放铳一个，即立定看听有何旗竖、有何令，再行。

凡歇处，吹喇叭一荡，火兵即做饭，众人收拾。

吹喇叭第二荡，各兵吃饭。

吹喇叭第三荡，各兵出赴信地扎营，候主将到，发放施行。

凡旗点过，只吹喇叭一长声，是要各兵转身，照旗所向转过。

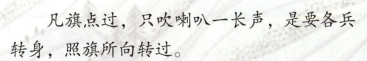同学们，戚家军的军纪真是严明！

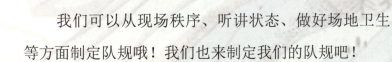我们可以从现场秩序、听讲状态、做好场地卫生等方面制定队规哦！我们也来制定我们的队规吧！

制定队规

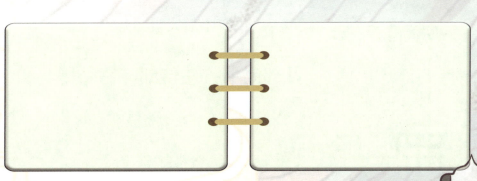

观察阿姨的示范讲解，体验桲椤叶饼的制作过程，每人亲手包一个桲椤叶饼，大家展示自己的成果，看谁包得好！

四百载光阴流转，今天的我们通过这一道道传承下来的美食，与古人那勤朴坚守的精神产生超越时光的共振。

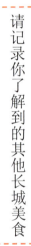

请记录你了解到的其他长城美食

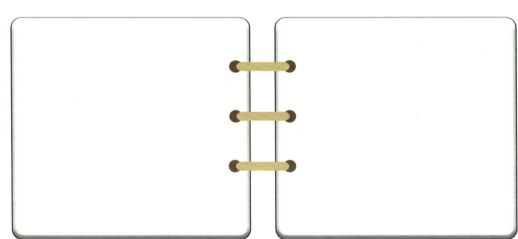

通 关 文 牒

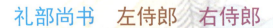

游板厂峪长城，闯文化关口

恭喜你的团队在第九关长城上的美食

表现优异，被评为

礼部尚书　左侍郎　右侍郎

特颁此牒，以资鼓励

大明礼部 颁

十 筑起新的长城

至 2021 年，中国共产党成立 100 周年，百年征程，波澜壮阔，百年初心，历久弥坚。

日本侵华期间，中国共产党倡导并建立抗日民族统一战线，八路军、新四军、东北抗日联军等队伍和各界人民紧紧团结在一起，用血肉筑起了新的长城！为中华民族的崛起奠定了基础。

在"筑起新的长城"中，少先队员们要体验模拟千里奔袭急行军的军事活动，重温那段长城抗战。在体育、音乐、劳动、医疗救护等相关活动中，体验长城精神，凝聚复兴力量。

研学准备

信息搜集

用我们的血肉筑起新的长城

平型关大捷打破"日军不可战胜"的神话

百团大战，打出中国人的勇气

喜峰口战役拼出大刀精神

我要去看看这些电影、电视剧、书籍，了解那段历史。

抗震救灾
一方有难 八方支援

抗洪抢险
自强不息 同舟共济

病毒无情
大爱无疆
最美逆行
众志成城

最美逆行者

器材准备

我们是新时代好少年！重温抗战岁月，勇往直前！

前线战报：我军与日军在张庄大河套发生激烈交火，已歼敌 80 余人，但我军有重大伤亡。上级命令：火速赶赴现场实施救援！

各小队检查器材，作好准备，出发！

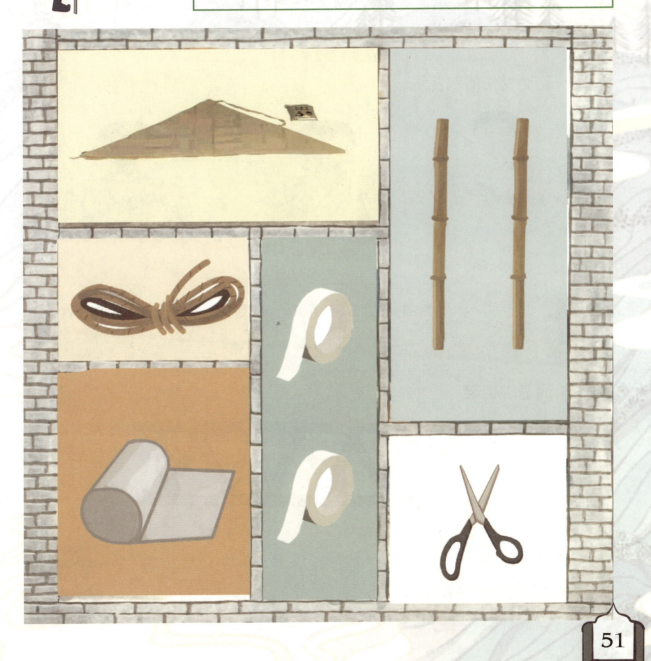

模拟体验

1. 头部受伤的包扎

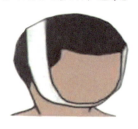  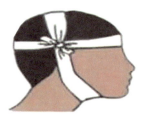

头部包扎时，要注意将纱布固定好，打结时要十字交叉，不能太松，也不能太紧。

2. 胳膊受伤的包扎

 胳膊包扎时，三角巾一定要用长边绕脖，小臂和大臂成 90°，这样才能不松落。

3. 简易绑担架

担架的两根竹竿一定要平行，绳结一定要打均匀，这样抬伤员时，才不会掉落。

团队合作，把伤者带到安全地带。

轻伤搀扶，重伤担架抬，徒步前进。

我们的口号是：

敢于攻坚，敢打必胜，敢挑重担，敢当先锋，用我们的血肉筑起我们新的长城！齐唱《中华人民共和国国歌》！

通 关 文 牒

游板厂峪长城，闯文化关口

恭喜你的团队在第十关筑起新的长城

表现优异，被评为

卫所总旗　卫所百户　卫所千户

特颁此牒，以资鼓励

大明兵部 颁

53

十一　我们的心声

　　研学活动结束了，老师、家长、同学们都经历了一次新鲜的研学体验，让我们听听他们怎么说。你也来写一写自己的感受吧！

　　对学生的教育不仅仅局限于课堂。研学活动集学习、体验于一体，使学生在实践中受到思想教育，增长智慧和才干。最重要的是，研学活动真正体现了学生是活动的组织者、领导者，更能充分发挥小学生的创造力、组织力、领导力，这是课堂教学不能与之媲美的。

　　作为家长志愿者，我非常愿意参加这样的活动。把课堂搬到了长城脚下，孩子们十分兴奋。在组织活动的过程中，我发现有的孩子表现出良好的合作能力、沟通能力，有的很有主见，有的顾全大局，有的身体素质很棒，有的遵守纪律……活动过程中，只要细心观察，就能发现每个孩子身上的闪光点。

　　我第一次亲手做桲椤叶饼，味道很清香。在古代，桲椤叶饼对士兵来说，也许就是美食了。另外，我也很喜欢做砖坯活动，我在自己做的砖坯上写下了"和平"两个字。

_____

_____

_____

_____

_____

笔尖上的喜悦

我要把最感兴趣的 4 个研学活动画下来。

我们的足迹

我们的活动信息登上了各大媒体呢！

登录光明网、长城网、爱国网、新华在线网、长城国家文化公园官网，搜索"中国长城文化研究与传播中心"公众号，都可以看到有关我们活动的报道信息哦！

光明日报 学术文化 多媒体素材库 | 中国长城文化研究与传播中心 | 搜索

长城研学为国育人——"赓续长城精神 启迪少年梦想"研学活动启动

来源：光明网 2021-10-02 20:08

近日，以"赓续长城精神 启迪少年梦想"为主题的长城研学活动在板厂峪景区启动，著名长城专家董耀会为长城文化推广实验校授牌，全市12所小学2380名学生参与了现场活动。

董耀会表示，关于长城文化的推广和弘扬，秦皇岛走在了全国的前列，尤其是长城文化进校园的工作做得非常扎实。长城文化推广实验校从最初的3所学校发展到如今的12所学校，成效显著。

扫一扫

书写长城精神

　　长城历史悠久，绵延万里。时间、空间和族群三者关系的复杂性，构成了长城文化的深远与厚重。长城地区的稳定和统一，对中华民族的稳定和统一具有重大的支撑作用。在任何一个历史阶段，如果长城地区不稳定，中国便会处于动荡之中，中华民族文化的延续和统一也会受到威胁。

　　长城是中华民族精神的象征。"长城精神"包括"团结统一、众志成城的爱国精神，坚忍不屈、自强不息的民族精神，守望和平、开放包容的时代精神"。

研学活动结束了，你对长城精神有了哪些感悟呢？把关键词写在战旗上吧！

十二 站在长城上看世界

4 世纪

在信息传递不发达的古代，尤其是明朝以前，西方人对长城的认识主要来自丝绸之路的商人，他们传递出的各种信息，使得长城在外国人眼里神秘而夸张。

16 世纪

到了明朝以后，欧洲进入大航海时代，很多西方传教士来到了中国，他们对中国的长城感到震撼。

19—21 世纪

到了近现代，越来越多的外国人有机会和条件来到长城脚下，其中不乏记者、考古学家和探险家等。他们回国后出版的游记进一步说明了长城是世界奇迹，长城也成了中国文化的符号。

你见过西方人眼中的长城吗？

1570 年《寰宇全图》

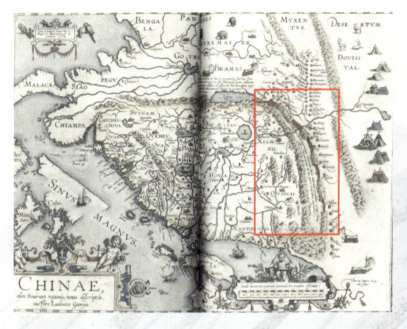

《寰宇全图》是地理学家奥特利乌斯在 1570 年首次出版的地图集，截图来自 1587 年的法语版本。它被视为第一部真正具有现代意义的地图集，图中恰好中国部分标绘有长城，这是目前已知最早的西方地图中绘制的长城。

1655 年《中国新地图册》

该地图册是意大利传教士卫匡国于 1655 年绘制的中国地图册，可以看出这套地图中的长城外观已经和真实的长城十分接近了。

1850 年《伦敦新闻画报》

GENERAL VIEW OF THE GREAT WALL OF CHINA, FROM THE SEA

　　长城沿途的风景总的说来十分怡人，从海边逐渐伸展到群山脚下的那一片土地长满了茂密的树林，显然长城内侧居住人口稠密。长城的外侧沿着连绵起伏的丘陵逐渐消失在远处，那里看上去物产丰富，土地精耕细作，不时地点缀着一些零星的村庄，那些农舍的屋顶形状酷似英国马车的顶部。在这个地区唯一可以穿越长城的关隘离海边大约有 3 英里，称作"山海关"。

　　——《伦敦新闻画报》第 17 卷，第 449 号，1850 年 10 月 5 日

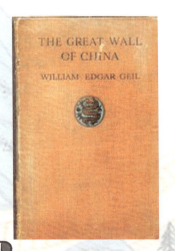

1909 年《中国长城》

　　［美］威廉·埃德加·盖洛在 1907—1908 年，完成了从山海关到嘉峪关间的一些长城段落的考察。1909 年出版的《中国长城》是世界上第一本外国人写的关于长城的专著。

1910年前后《雷尼诺恩的北京影像集》

这是美国摄影师雷尼诺恩在1910年前后在北京及周边拍摄的照片，此系列的长城照片为手工上色，现藏于荷兰民族学博物馆。

近代，各国领导人也对长城欣然向往，最常被外国元首访问的长城是八达岭长城，他们在八达岭长城上留下了很多照片。在这里拍过照片的外国元首包括尼克松总统、伊丽莎白女王、明仁天皇等。左图就是董耀会老师陪同布什总统参观八达岭长城。

结　语

　　小朋友们，这本研学手册是不是带给大家不一样的视觉感受？我是清墨现代美术绘馆的子淳老师，一次偶然的机会，我认识了几位做长城研学的校长，交谈后被他们对教育的执着所感动。于是，我挤时间将我和老师们的想法变成插画呈现在这本书中，希望能激发你们的学习兴趣。

　　　　　　　　　　——清墨现代美术绘馆　子淳老师

　　子淳老师是做什么的呢？

　　子淳老师是个艺术导师，文化学者。他从央美附中毕业后，去英国留学并工作 5 年，回国后想给自己家乡的孩子做些事。他希望秦皇岛的孩子也能拥有更开阔的视野和思维，所以他创办了自己的学校，并研发了一系列有助于提升孩子综合素养的艺术课程。

长城人物访谈课

学习目标

　　同学们，本部分内容我们要了解董耀会、许国华、张鹤珊等长城人物，知道他们的成长或者奋斗经历，学习他们的可贵品质和闪光之处。然后在模拟采访中，提高我们收集信息的能力，学会与人交流的方法。

一、激趣导入，了解长城

　　同学们，提到长城，你都知道些什么？想到了什么？

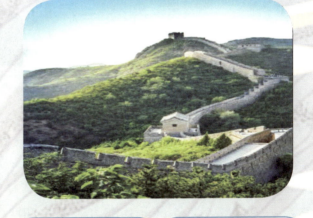

　　长城又称万里长城，是中国也是世界上修建时间最长、工程量最大的一项古代军事防御工程。

　　明长城东起鸭绿江畔辽宁虎山，西至甘肃嘉峪关，全长8851.8千米，其中人工墙体长度约6259.6千米，被称为"东方四大奇观"之一。

　　看到长城，我想到了《孟姜女哭长城》的故事。

　　我感觉长城就像一条巨龙，蜿蜒盘旋在崇山峻岭之中。

　　我想到了"众志成城"这个词，想到了团结统一、坚韧不屈、自强不息、守望和平、开放包容的长城精神。

同学们，在我们的身边就有这样一些人，他们有着长城般坚韧不拔的意志，长期致力于长城的研究、保护、宣传和利用工作，特别值得我们去认识、去学习。你们想去了解他们吗？

二、走近人物，传扬精神

1. 认识长城专家——董耀会

董耀会：中国长城学会副会长，著名长城专家，核心价值观宣讲专家，长城国家文化公园建设工作专家咨询委员会委员，河北地质大学长城研究院院长，燕山大学中国长城文化研究与传播中心主任，教授。1957年1月5日出生。1984年5月4日至1985年9月，和两位朋友一起从山海关出发，历时508天，到达嘉峪关，完成了对明长城的首次徒步考察。他长期致力于长城的研究、保护、宣传和利用工作。著有《明长城考实》《瓦合集——长城研究文论》《守望长城——董耀会谈长城保护》《长城：追问与共鸣》《长城文化经济带建设研究》等10余部专著。多次陪同来华访问的各国政要参观长城。1998年6月美国总统克林顿、2002年2月美国总统布什访华，他作为国家指定专家陪同参观长城。主持和参与多项国家社科基金及部省级长城相关的科研项目。2008年奥运会前受国务院新闻办委托，主编了大型画册《长城》，深受奥运会各国代表团的欢迎。2007—2017年主持国家"十二五"项目，主持国家出版基金项目《中国长城志》的编纂工作，担任总主编。2019年，主持国家文旅部长城国家文化公园建设《长城文旅融合发展专项规划》的编制。

2. 长城脚下的守护者——许国华

许国华：1954 年生于秦皇岛市海港区驻操营镇板厂峪村，群众，中学毕业。明朝戚家军义乌兵后裔。现任秦皇岛市板厂峪长城旅游有限公司董事长、秦皇岛海港区古玩商会会长、河北省秦皇岛市板厂峪省（市）航拍创作常务主任、秦皇岛海港区长城砖窑群遗址保护员。曾获得"文保土专家""长城文物保护员""最美长城保护员"的称号。

3. 40 多年义务守护长城的人——张鹤珊

张鹤珊：河北省秦皇岛市海港区城子峪村村民。作为明代长城守军的后裔，他从 20 多岁起就开始义务守护长城。由于张鹤珊的尽心守护，他看守的驻操营镇董家口到板厂峪这段长城，保留了明代长城的原始风貌，被专家称为"原汁原味"的长城。

三、情景设置，学习采访

针对长城研学活动，学校要录制一期《长城人物访谈》节目，小记者要从你们中间进行选拔，你想成为小记者吗？

采访，相信大家并不陌生。简单地说，采访是一种信息的采集和收集方式，常常通过采访者和被采访者面对面的交流来实现。要进行一次成功的采访，并不是一件简单的事情。

下面就让我们一起来学习小记者应该如何采访吧！

采访前，我们需要作哪些准备呢？

我们先要对被采访的人物进行了解，然后制订采访计划，包括确定采访主题、目的、对象、时间、地点、内容等。其中针对内容设计问题很重要，如先问什么，再问什么，最后问什么。

如果需要"预约采访"，事先还要约被采访人。

还要作好采访准备，带好笔、本子、照相机等。

采访中，我们需要注意些什么？

①主动进行自我介绍，注意礼貌，尊重对方；
②举止自然大方，说话音量适宜、口齿清楚、有条理，眼睛注视对方；
③牢记采访目的，围绕主题，根据提纲提问，适当追问；
④作好记录（可以现场记录重点，也可用录音设备，还可以适当拍一些照片）；
⑤采访完毕，别忘了说声"谢谢"；
⑥采访中，还要注意自身安全。

采访后，我们还需要做些什么？

整理采访记录，完成采访报告，还可以作自我评价或写一些采访体会。

四、结合采访，具体指导

同学们，想成为合格的小记者，一定要做到：一问，二听，三记，四写。

采访一定要会问问题，那我们可以问些什么样的问题呢？要问一些大家都关心的重要问题。大家都知道的事情，就不用再问了，也就是问题要有一定的深度。

问

听

问题问出去了，小记者还要学会倾听。倾听是一门艺术，应该怎样听才能让别人感觉到你是在认真地听呢？那就要善于运用面部表情和体态语言来配合采访。

如果要问的问题很多，光凭脑袋记可不行。我们可以通过录音、录像等方式来作好记录，一定要将重要的内容记录准确、清楚。

有了记录就好比是做衣服有了布料，要做好衣服就要对布料进行剪裁加工，所以要当小记者还要会写稿，稿子写好以后就可以发表了。

①有礼貌，大方得体，事先说明采访意图；
②要专心倾听，不随意打断对方的讲话，并认真记录讲话要点；
③声音响亮，语速适中；
④要团结合作，一起努力；
⑤不怕困难，不怕失败，被拒绝时开动脑筋再想办法；
⑥完成采访任务后对被采访者表示感谢。

成功的秘诀

五、合作实践，练习采访

准备、采访、写稿，是记者的主要工作，对此我们已经有了大致的了解。现在同学们是不是特别想尝试当一回小记者呢？今天就由四人小组合作，共同完成本次采访吧！

课件出示：

明确采访的主题：长城人物访谈

明确采访的对象：董耀会、许国华、张鹤珊（任选其一）

采访记录表

采访时间		采访地点		采访对象	
采访目的					
设计问题					
人员分工					

请同学们首先进行小组分工，共同完成采访记录表的设计；然后进行角色扮演，练习采访；最后整理问题，为实际采访作准备。

我当摄像师！

我来负责约采访对象！

我来设计采访问题！

我来负责记录和写稿！

板厂峪研学开题课

学习目标

同学们，在这部分我们要了解板厂峪长城的基本情况、历史文化等方面的知识。我们要利用阅读资料、网络查找、实地考察等多种方式收集、整理资料，还要在整理资料时学会提出问题、分析问题、解决问题，希望学习之后大家都有所收获。

一、观察地图，研读资料

这是明代长城地图，老师带着大家先初步认识明长城，感知长城的"长"。在图中你能发现什么？

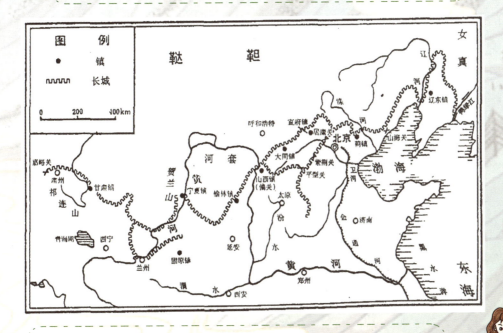

地图中有我们熟知的山海关长城，本次研学的地点板厂峪长城就是图中"蓟镇"长城的一部分。

板厂峪长城位于河北省秦皇岛市海港区境内，是由明代大将戚继光主持修建的。板厂峪长城用石头和青砖砌成，绵延约 15 千米，是极其珍贵的"原生态"长城，是不可再生的无价之宝。板厂峪长城是明长城建筑中最大的一个"环"。

板厂峪长城脚下，现已发现明代长城窑址 300 多座，其中长城砖窑 217 座，现已发掘并对外开放的有 2 座（2 号窑和 4 号窑），是迄今为止我国发现的最大的长城砖窑群，是我国第一，也是世界第一。

除此之外，板厂峪中还有一个"世界唯一"。2003 年至今，在板厂峪的鬣狗洞内先后出土了世界上保存最为完整的斑鬣狗化石 2 具、斑鬣狗头骨化石 58 个，同时发现 30 多种史前动物化石。中国科学院古脊椎动物与古人类研究所的专家表示：化石出土的数量与规模可以说是"亚洲第一"，就完整性而言，可以说是"世界唯一"。而且鬣狗洞的环境与北京周口店古人类遗址、南京小汤山古人类遗址极其相似，以后的发掘不排除发现有古人类活动的可能。中科院的专家说："这些化石的发现，为研究史前动物灭绝提供了极具价值的依据。"

认真阅读研究资料，填写完成资料收集表。

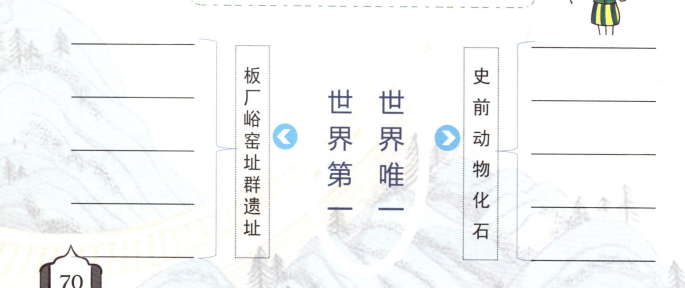

二、整理材料，形成思维导图

通过观察地图、收集资料及听老师的讲解，结合我们自身储备的长城知识，整理一下学习所得，绘制关于板厂峪长城的思维导图吧！

《话说板厂峪长城》这本书里肯定有我们想了解的内容。

喜马拉雅 App 上"聊聊长城的真相009"集中也有板厂峪长城的相关知识，可以了解一下。

三、提出问题，制订研究计划

思维导图中有很多研究内容，请各小组选择最感兴趣的内容作为小组的研究项目，合作完成研究计划。

我最感兴趣的是板厂峪长城窑址群的相关内容，我们要研究这一主题。首先我要与同小组的同学交流自己的想法，然后一起制订研究计划。

"板厂峪窑址群"主题研究计划

研究主题： 板厂峪窑址群

研究目的： 了解为什么在板厂峪设砖窑

研究时间： 2021 年 10 月 1 日—2021 年 10 月 10 日

研究内容及方式：

①利用网络收集砖窑相关知识、板厂峪窑址群相关知识。

②在网络课程中学习砖窑相关知识。

③到图书馆查找相关资料。

小组成员及分工：

①李晓依组长：研究项目内容，组织小组成员进行研究活动。

②赵荣辉、张俊涛：有图书馆借阅证，负责相关图书的借阅。

③吕浩：精通电脑操作，负责网络资料的收集。

④席思雨、刘知远：利用手机进行线上相关课程的学习并做好笔记。

预期成果或展示方式：

①进行相关知识整合，形成思维导图。

②制作砖窑模型。

③讲述砖窑烧砖的工作流程。

这是我们小组制订的研究计划。

团队领袖培训课

学习目标

　　同学们，本部分内容我们要认真解读研学内容，明确自己在团队中的职责，提高自主学习能力、领导能力和表达能力，争做一名合格领袖。

一、吹响集结号

　　同学们，作为研学活动的一分子，每个人在活动中都发挥着重要的作用，在团队建设中，人人都能当领袖，人人都要有责任，让我们行动起来吧！

二、建设团队文化

1. 组建小队

　　每个小队由 8～12 名成员组成，可以由有共同研究方向的同学自由结组，也可以按照男女搭配的方式组成小队。

2. 职务认领

我是本小队的生活委员。

我是本小队的队长。

我是卫生委员。

在团队活动中，每位同学都有各自的职责，大家既是自我管理者，又是团队领导者。同学们可以根据自身的特点，选择适合自己的职务，如队长、生活委员、纪律委员、卫生委员、宣传委员等，每位队员都要有相应的职务。

3. 明确职责

作为小队的负责领导，从本次活动校内准备到校外活动上车、坐车及研学行进的过程，谈谈自己有什么建议。

我是团队中的生活委员，我建议大家在出行前查看天气，提前作好日常防护，有晕车的同学要提前吃晕车药。

　　我是队长，我要负责整个小队的协调工作，及时总结和发现问题，为大家加油鼓劲。本次研学活动行程长，点位分散，有上坡下坡，我建议大家在行程中保证团队行动一致，遇到困难要互相帮助，比如背包走路时，力气大的同学可以帮助体力弱的同学。

　　我是卫生委员，我建议每个人都准备一个垃圾袋，产生的垃圾要随时放入垃圾袋中；如果发现遗落的垃圾，也要捡起来，做一名环境保护的小使者。

4. 团队名称

　　给所在小队起一个名字，小组成员共同商议出团队口号。如雏鹰队：雏鹰雏鹰，展翅高飞！

三、争做项目领袖

1. 了解研学内容

板厂峪研学项目

- 1. 伟大的工程
- 2. 远古的溶洞
- 3. 神奇的工艺
- 4. 火与水的考验
- 5. 祖先的遗产
- 6. 穿越火线
- 7. 红色的洗礼
- 8. 长城守卫者
- 9. 长城上的美食
- 10. 筑起新的长城

2. 争做项目领袖

> 你最喜欢哪个项目？快来做这个项目的小领袖吧！

3. 明确领袖职责

> 做一名合格的项目领袖，我们该做哪些工作？让我们以"探究砖窑智慧"为例说一说！

主研者
研读教材
明确任务
储备知识

指挥者
提前分工
小组合作
遵守秩序

参与者
学会倾听
重在参与

汇报者
总结分享
汇报收获

示范者
遵守礼仪
行为示范

举一反三，我们在其他项目的学习中也可以这样分工合作。

提升团队素质

要想顺利完成研学体验项目，队员们应该怎么做呢？

各司其职
分解任务

团结互助
众志成城

分工合作
事半功倍

听从指挥
相互配合

祝圆满成功

各小队的任务已经明确，大家都知道了自己的职责，带着必胜的信心向板厂峪出发，期待你们满载收获，胜利归来！

家长志愿者培训课

学习目标

> 亲爱的家长朋友们，通过培训我们会深入了解此次研学活动，明确志愿者的职责，在总结以往研学活动经验中，探讨家长志愿者在研学活动中的参与方式。
>
> 让我们与孩子们一起成长！

一、点拨引领，携手共育

各位家长朋友们，大家好！读万卷书，行万里路，心灵和身体总有一个在路上！我们又将和孩子们一起开始长城的研学之旅。本次我们的研学地点在风景优美、文化深厚的板厂峪，我们将一起探访长城砖窑，领略文物风采。为了让孩子的研学之旅安全、有序，收获满满，我们聚在了一起，对研学路上可能会出现的种种问题进行探讨和剖析，携手为研学保驾护航。下面就请大家和我一起走进板厂峪，开启研学之旅。

这次我们共有 10 个研学项目，都在板厂峪长城公园内进行。这些点位分布在公园大门口至山顶餐厅甬路的两侧。

二、介绍课程，提高认识

远古的溶洞

观察溶洞里面和周边环境，洞内长城志愿者沿途讲解鬣狗洞的由来及斑鬣狗化石。

火与水的考验

汇报校内研学收获，领袖带领成员观察2号、4号砖窑，汇报砖坯摆放及烧制工艺，模拟摆放砖坯。

穿越火线

项目分为攻、守两方。防守方通过扔沙包形式砸进攻队员，进攻方则需要躲避障碍穿越封锁线，被砸到立即淘汰。

长城守卫者

学生采访长城保护员并进行记录，然后实地考察，认识敌楼，争做保护长城的小小宣传员。

筑起新的长城

齐诵《告士兵书》。两队同学进行头部包扎和绑担架比赛。用担架将一名扮演战士的同学抬到下一集合地点。

伟大的工程

起点的同学用工具快速将城砖全部运到中间接力点，摆放整齐，中间接力点的同学继续将城砖全部搬运到终点并摆放整齐。

神奇的工艺

团队根据分工，选择适合的工具进行制作砖泥、制作砖坯、砖坯刻字的体验操作。

祖先的遗产

在长城文化展馆里用"看、量、记、拍、画"的形式，认识各种文物。用情景表演的形式再现长城周边士兵或百姓的生活场景，编写剧本。

红色的洗礼

项目分为倾听烈士事迹、鞠躬、默哀、宣誓、肃立、献花等。

长城上的美食

认真倾听师傅讲解如何制作桲椤叶饼后，两人一组进行体验操作。

回到学校后有拓展课：第十一关我们的心声，通过长城研学，激发孩子们的爱国情感；第十二关站在长城上看世界，了解长城的作用以及长城在世界上的影响。

三、揭示细节，确保安全

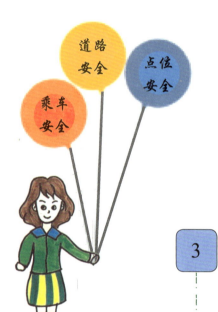

1 乘车时提醒学生在座位上坐好，不能站立，不能离开座位，不能大声喧哗。要系好安全带，不要把头、手伸出窗外。

2 行进中提示学生做到：行进时排成一路纵队；有序上车，不喧哗，不拥挤；到达研学地点后，及时清点人数并排队前进。

3 点位活动中提醒学生要有序排队，不大声喧哗，要有礼貌，爱护展品及活动用具，不能乱摸乱动，不能破坏物品。每组两名志愿者可以一前一后，提示孩子们注意安全。

四、传达理念，关注过程

研学过程中可能会遇到许多出乎意料的事情，下面以几个事件为例，和大家交流一下活动中家长志愿者应该怎样做。

1 活动过程中遇到困难，家长帮还是不帮？

在学生遇到困难时我们可以适当地点拨，比如提示孩子们认真研读手册，小组讨论，统一意见，再去实践和体验就可以了。我们不要给孩子太多的干扰，如果提示得面面俱到，只能让孩子们的活动千篇一律，而我们的研学重在让孩子们自己去组织、去研究，让孩子有个性化的体验、个性化的思考、个性化的感悟，从而使每个孩子都有所收获。

2

爸爸背书包，孩子前面跑。这样做是否可取？

研学是一个大课堂，孩子们研究实践、收获知识的同时也应该看到家长和老师们的付出与辛苦，应该学会体谅父母、尊重家长，感谢为他们付出的人们。

3

家长志愿者应该扮演什么样的角色？

研学中曾发生过这样一件事：项目要求学生估算出一斤藤枣大约有多少个，于是有个家长就"聪明"地用带来的弹簧秤精确地称出了一斤枣，再交给同学们去数……研学是一条路，它不一定要一帆风顺，路上的荆棘和玫瑰都是一种风景，孩子们无论是成功还是失败都会有所收获。我们作为家长应该是一种陪伴、一种见证，不要过多地去追求结果，比结果更重要的是过程中的体验和提升，这样才能使孩子未来的路走得更远。

4

团队不和谐怎么办？

我们的带队家长既要协助团队中的纪律领袖来管理孩子们，又要在团队出现矛盾无法解决时出面调解，无形之中我们也成了团队的一员，参与到研学中来。

五、答疑解惑，实践育人

各位家长，还有哪些疑问？让我们一起探讨吧！

语文学科项目课

学习目标

同学们，在本部分我们要通过文字、图片、视频等各种文献资料了解长城文化，感受团结统一、众志成城的爱国精神，坚韧不屈、自强不息的民族精神，守望和平、包容开放的时代精神。

读"文献"，可从古人原典中窥见长城之重；读"文化"，可知长城蕴含着多少中华民族的文化艺术瑰宝；读"人物"，可知数千年来多少风流人物都与长城有关。翻开长城历史的每一卷，我们便走进了印刻在长城上的烽烟岁月，真实又直观地体会着中华民族的历史述说。

一、重温历史，接受红色洗礼

"起来！不愿做奴隶的人们！把我们的血肉，筑成我们新的长城……"

榆关抗战打响了长城抗战的第一枪，雁门关伏击战、平型关大捷、血战娘子关打出了团结统一、众志成城的爱国精神和坚韧不屈、自强不息的民族气节！

油画《大刀向鬼子头上砍去》　晏阳

1. 读，重温抗日将领的战斗口号

1933 年 1 月 1 日，日军进攻山海关，何柱国将军率部坚决抵抗，他以《告士兵书》振奋士气："以最后一滴血，为民族争生存！"战斗前夜，将士们激昂的口号响彻关城。让我们置身那个屈辱而又热血的年代，如抗战战士一样，慷慨激昂地喊出中国人的抗争宣言！

告士兵书	战斗口号
愿与我忠勇将士，共洒此最后一滴血，于渤海湾头，长城窟里，为人类张正义，为民族争生存，为国家雪奇耻，为军人树人格，上以慰我炎黄祖宗在天之灵，下以救我东北民众沦亡之惨。	以最后一滴血，为民族争生存； 以最后一滴血，为国家争独立； 以最后一滴血，为军人争人格！

2. 誓，全体成员宣誓

同学们，战争年代虽已成为历史，但我们从未忘记，也不能忘记。请大家举起右手，以史为鉴，励志宣誓！

全体宣誓

我们将铭记历史，继承先烈遗志；人民为先，祖国至上；诚实勇敢，自律自强；奋发有为，誓做栋梁；勤勉自励，厚德博学；奋发图强，报效祖国！

二、讲故事，筑起新的长城

不同的时代，造就不同的英雄。他们在祖国需要时，义无反顾地接受党和国家的召唤，为祖国和人民奉献自己的一切！

板厂峪烈士陵园安息着数位革命先烈，他们是革命年代的共和国"卫国星"。我们来给同学们讲一讲他们的故事吧，讲的时候要仪态大方，庄重肃穆。

他是我国第一代核潜艇总设计师，1958年受命于核潜艇研制工作，从零起步，依靠最简单的计算工具，突破核潜艇设计的七项技术难关，1970年研制出第一艘核潜艇。他就是铸大国重器、写军史传奇的黄旭华。

他曾经做过这样一个梦：水稻比高粱还高，籽粒比花生还大，他就那样坐在稻穗下乘凉。1964年，他开始研究杂交水稻，从1973年杂交水稻成功问世到2014年亩产1000公斤。他就是在稻田里实现中国梦的袁隆平。

烂漫的山花中，我们发现你。自然击你以风雪，你报之以歌唱。命运置你于危崖，你馈人间以芬芳。不惧碾作尘，无意苦争春，以怒放的生命，向世界表达倔强。你是崖畔的桂，雪中的梅。她就是改变山区女童命运的公益校长张桂梅。

共和国勋章获得者是我心中的大英雄，我觉得他们是新时代的共和国"卫国星"，是我们学习的榜样。

航空人、科技人、平民偶像……像这样在平凡的岗位中绽放光彩的人还有很多，他们身边或许没有掌声，他们身上或许没有光环，但他们一样是我们心中最闪亮的那颗星。因为他们身上闪闪发光的英雄气质，才是值得我们注视的光芒。哪些人是你眼中的"共和国之星"？从他们身上你学到了什么精神？和大家一起分享吧！

敬爱的老师、亲爱的同学们：

青山处处埋忠骨，何须马革裹尸还。这宁静幸福的生活，是无数先辈用他们的生命奋斗来的，用他们的血肉之躯守护的。是先辈们用铮铮铁骨，用不屈不挠的大无畏精神铸就了我们祖国现在的辉煌！他们都是我眼中的"共和国之星"。

我们生活在和平年代，祖国正在日益强盛。作为新时代的少先队员，我们要自立自强，坚强刚毅，积极进取，勇于探索，我们要立志成为共和国未来的"卫国星"，所以我们必须从现在做起，从身边的每一件小事做起，争做一个有责任感和使命感的小学生。

三、担当责任，树立远大理想

同学们，你们是祖国的未来，是祖国的建设者和接班人，正如梁启超先生的《少年中国说》所说，少年强则国强！我们一起来朗诵吧！

少年中国说

故今日之责任不在他人
而全在我少年
少年智则国智
少年富则国富
少年强则国强
少年独立则国独立
少年自由则国自由
少年进步则国进步
少年胜于欧洲则国胜于欧洲
少年雄于地球则国雄于地球

同学们，你有怎样的志向和理想？要怎样接过先辈们交给我们的幸福生活？可以从学习、生活或精神品质等方面来阐述。快来写一写吧！

_____

_____

_____

_____

_____

_____

_____

_____

寻找共和国最亮的"卫国星"

学习目标

同学们，本部分内容我们通过查阅革命烈士的光荣事迹，寻找共和国最亮的"卫国星"，学习他们舍生忘死、保家卫国的爱国精神，并能将这种精神带到学习及日常的生活中，为做一名新时代合格的接班人而努力。

一、谈话导入，激发兴趣

今天我们能生活在这样的和平年代，拥有这样幸福的生活，那是无数革命先烈用鲜血和生命换来的。无论是在硝烟弥漫的战争年代，还是在和平繁荣的今天，正是因为有了那些为祖国无私奉献的功勋，才有了国家的繁荣昌盛、人民的幸福生活。今天就让我们一起去寻找共和国最亮的"卫国星"。

二、小组汇报，体悟精神

1. 红色基因，同频共振

在板厂峪明早期长城的西南坡上，沉睡着在革命战争中牺牲的杨来、陆振西、李国宽等 63 名烈士，他们把自己的满腔热血乃至宝贵生命贡献给了党和人民的伟大事业。你知道哪些烈士事迹？说一说你的感受。

革命烈士杨来

1947 年农历六月初六早上，板厂峪农会主席杨来同志去村委会参加每年一度的"青苗会"，被敌人诱骗至西楼残忍杀害。全村百姓自发举行了隆重的追悼会，来缅怀这位身边的英雄。杨来同志虽然牺牲了，但他的英雄事迹和大无畏的革命精神一代一代在村里传颂。时间一久，人们就自然地将"西楼"称为"杨来楼"。

杨来楼

87

这些革命先烈的丰功伟绩令我们钦佩，舍生忘死的爱国精神值得我们学习。在今天仍然有很多为祖国无私奉献的人，你们知道有谁吗？

2. 无私奉献，共战疫情

不同的时代，造就不同的英雄。当新冠肺炎疫情突袭中华大地，他们义无反顾地接受党和国家的召唤，舍身忘己，逆行而上。这些"逆行者"便是我们这个时代的楷模，是共和国最亮的"卫国星"。老师这里有三句颁奖词，你知道说的是谁吗？

我国呼吸疾病研究领域的领军人物，敢医敢言，勇于担当，提出的防控策略和防治措施挽救了无数生命，在非典型肺炎和新冠肺炎疫情防控中作出巨大贡献。

步履蹒跚与时间赛跑，只想为患者多赢一秒；身患绝症与新冠周旋，顾不上亲人已经沦陷。这一战，你矗立在死神和患者之间；那一晚，歌声飘荡在城市上空，我们用血肉筑成新的长城。

作为一名军人，她闻令而动，敢打敢拼，展现了钢铁战士的血性本色；作为一名党员，她关键时刻冲得上去，危难关头豁得出来，发挥了党员的先锋模范作用；作为一名院士，她领衔研发全球第一个进入二期临床试验的新冠病毒疫苗，彰显了中国的科技实力，用实际行动谱写了绚丽的奋斗篇章。

你能讲一讲最美逆行者的事迹吗？你还找到了哪些"卫国星"？从他们身上你学到了什么精神？和大家一起分享吧！

三、拓展延伸，情感升华

共和国这些最亮的"卫国星"，他们有着相同的精神，那就是爱国精神。爱国在不同的时代有着不同的内容，我们生活在和平年代，祖国正日益强盛起来，我们作为 21 世纪的少先队员，应该怎样爱国呢？你又想对他们说些什么呢？

我要勤奋读书，长大了报效祖国。

我一定要珍惜这来之不易的幸福生活。

奋发图强

遵纪守法

保卫祖国

自立自强

四、总结提升，践于行动

少年强，则国强。身为一名小学生，身为中华民族未来的栋梁，我们的思考与做法同含苞待放的嫩芽一般，看似渺小脆弱，但却代表着无限的生机与希望。祖国的发展、民族的强大，需要我们大家的努力。所以，我们的主要任务就是努力学习科学文化知识，为祖国的未来负责，做一名合格的接班人。

音乐学科拓展课

同学们，本部分内容我们要学唱《国歌》，认识词曲作者，并懂得唱好国歌的重要意义。在欣赏、歌唱歌曲的过程中，能够感受和表达对祖国的热爱之情。

一、读故事，晓作者

"起来，不愿做奴隶的人们，把我们的血肉筑成我们新的长城……"每当唱起《义勇军进行曲》这首雄壮的歌曲时，对祖国的崇敬之情总是油然而生！那么这首歌的词曲作者是谁呢？它又是怎样诞生的？

《义勇军进行曲》诞生的故事

1934年，日本帝国主义的铁蹄在践踏我国东北三省后，又在华北大地上肆意横行。全国要求国民党政府放弃不抵抗政策，抗日的声浪一浪高过一浪，许多知识分子纷纷走上街头进行抗日救亡宣传，有的甚至拿起武器奔赴华北。

然而，与此形成鲜明对比的是，国内的反动腐朽势力却沉溺于纸醉金迷中，耳闻从歌舞厅里传来的那些靡靡之音。作为一个中华民族的血性男儿，著名剧作家田汉愤怒不已，于是找到好友作曲家聂耳商量，创作一首能鼓舞全国人民抗日斗志的好歌。

在创作歌曲时，田汉正因"抗日反政府"罪名遭到国民党特务的追捕，过着逃亡的生活。然而反动派的迫害非但没有消弭他的革命斗志，反而激起了他更加高涨的革命激情。在创作中，他的情绪一直处于亢奋状态。这种亢奋终于在1935年2月19日化成了一首日后闻名世界的歌词："起来，不愿做奴隶的人们，把我们的血肉筑成我们新的长城。中华民族到了最危险的时候，每个人被迫着发出最后的吼声：起来！起来！起来！我们万众一心，冒着敌人的炮火，前进！"

歌词传到聂耳的手中，仿佛黑夜中的一声惊雷，民族的呼声、祖国的召唤、战士的怒吼，爱国激情顿时在聂耳胸中奔涌，汇成了一股雄壮、激昂的旋律，以至于他仅用两夜就谱完了乐谱的初稿，并将这首歌命名为《义勇军进行曲》。不久，这首歌便随着电影《风云儿女》在全国的播映而响彻长城内外、大江南北。

聂耳（1912年2月14日—1935年7月17日），原名聂守信，字子义（亦作紫艺），中国音乐家，中华人民共和国国歌《义勇军进行曲》的作曲者。

在其短暂的一生之中，聂耳创作了数十首革命歌曲，他的一系列作品影响了中国音乐几十年。他的音乐创作具有鲜明的时代感、思想性，高昂的民族精神和卓越的艺术创造性，为中国无产阶级革命音乐的发展指出了方向，树立了中国音乐创作的榜样。

田汉，原名田寿昌，我国著名的话剧作家、戏曲作家、电影剧本作家、小说家、诗人、歌词作家、文艺批评家，中国现代戏剧的奠基人。

田汉于20世纪20年代开始戏剧创作，毕生从事文艺事业。他写的《义勇军进行曲》，经聂耳谱曲传唱全国，被定为中华人民共和国国歌。他不仅是中国革命戏剧运动的奠基人和戏曲改革事业的先驱者，同时也是中国早期革命音乐、电影事业卓越的组织者和创造者。

二、品思想，唱国歌

（附一）国歌

四個決議案

（一九四九年九月二十七日中國人民政治協商會議第一屆全體會議通過）

一、全體一致通過：中華人民共和國的國都定於北平。自即日起，改名北平為北京。

二、全體一致通過：中華人民共和國的紀年採用公元。今年為一九四九年。

三、全體一致通過：在中華人民共和國的國歌未正式制定前，以義勇軍進行曲為國歌。

四、全體一致通過：中華人民共和國的國旗為紅地五星旗，象徵中國革命人民大團結。

多少年来，这首歌伴随着中国人民的革命斗争，伴随着新中国的建设事业，成为中华民族英雄儿女为祖国独立富强而英勇斗争的一支战斗号角。今天就让我们一起来学唱这首歌吧！

国歌代表一个国家的民族精神。那么，《义勇军进行曲》为什么会被选作国歌呢？

探究活动一

为什么要在"中华民族到了"六个字上连用六个重音记号？聂耳在这里想表达怎样的感情呢？

这样连用六个重音记号，使人感到坚定、有力，它代表着中华民族不屈不挠的英雄气概。特别是"到了"两个字使用了八分音符加重音记号，更是营造了一种紧张、迫切的音乐情绪。

探究活动二

试一试，把最后一个"进"去掉，感觉怎么样？为什么作者在歌曲最后多加一个"进"字？有什么作用？

最后一个"进"字，在语法上看似多余，但这却是点睛之笔：曲谱"进"出现在强拍上，一方面使歌曲更具创造性，能够反复连续唱；另一方面，它加强了这首歌的终止感，同时回味无穷，象征着中华民族生生不息。

国歌代表了一个国家的民族气质和精神面貌，《义勇军进行曲》创作于中华民族危难关头，正是表现了中华民族勇往直前、不屈不挠的战斗精神。

——周恩来

三、唱歌曲，抒爱国

在研学活动中，有时很累很累，唱着这些振奋人心的歌曲，让我们立刻充满了力量！

除了国歌，我还会唱《打靶归来》《大刀歌》《一二三四》……

在今天的研学活动中，我体会到了团结协作。团结的力量真大！我要把《团结就是力量》这首歌唱给大家听。

还有《没有共产党就没有新中国》……

同学们，让我们以小组为单位一起唱响国歌和你最喜欢的爱国歌曲，来为急行军拉歌作准备。

93

研学文明礼仪课

学习目标

同学们，本部分内容我们要了解研学活动中的文明礼仪，提高我们的文明礼仪修养，并在活动中自觉遵守文明礼仪规范。让我们做一名"长城文明小使者"吧！

一、知晓礼仪常识

华夏大地，礼仪之邦。几千年源远流长，我们世代传承下来的文明礼仪，是我们的骄傲和财富。

讲文明，懂礼仪，是一个人内在修养和素质的外在表现。它既是人际交往中的一种艺术，也是人际交往中进行相互沟通的技巧。

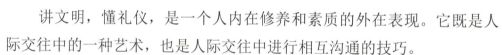

集体活动时，我们要注意哪些文明礼仪规范呢？

别人不小心影响了你，并诚恳地向你道歉时，应宽容地说一句"没关系"；与人交谈时，态度要真诚，说话要和气；听取他人发言或说话时，要正视对方，不能漫不经心，不能随便插话；在公共场合不能大声喧哗，不能随地吐痰、乱扔垃圾等；要爱护公共设施、花草树木，保护有益动物和生态环境。

二、清楚研学路线

我们马上就要举行研学活动了，你知道我们这次研学旅行的安排吗？

1. 学校集合；
2. 乘车抵达板厂峪长城公园；
3. 分组体验研学项目；
4. 分组集体午餐；
5. 分组体验研学项目；
6. 集体乘车回到学校。

三、明确礼仪要求

研学活动项目一定十分吸引你，要想活动开展得更加有效果，我们在研学过程中，要注意哪些活动礼仪呢？我们可以从乘车、集合、活动、就餐等方面进行讨论。

全班交流讨论，总结形成研学礼仪规范。

1. 严格遵守时间规定，包括出发时间、课程时间及用餐时间等。

2. 安静有序乘车，系好安全带，不要在车厢内来回走动、站起。

3. 集合时快、静、齐，遵守纪律，守秩序。

4. 活动时听从安排，具有团队精神、集体意识，不得擅自脱离队伍，及时清点人数。

8. 严禁携带火种，严禁在野外生火。

7. 爱护自然环境，不攀折花木，不损毁公共设施，不乱刻乱画。

6. 注意活动安全，危险地带互相关照，不随意攀爬石崖、山体，湖面、台阶、栈桥等处尤其当心。

5. 个人举止文明，午餐时不随意丢弃废弃物，每人准备垃圾袋。

四、完成礼仪手册

在这十项研学项目中，每一个项目都各有特点，需要注意的问题也不太一样。在前面的开题课上，大家对各项活动肯定有了深刻的认识，你能根据每个活动的特点想想我们要遵守哪些更加具体的文明礼仪规范吗？小组讨论，完成《研学活动文明礼仪手册》。

研学活动文明礼仪手册

研学项目	我们的约定
第一关 伟大的工程	
第二关 远古的溶洞	
第三关 神奇的工艺	
第四关 火与水的考验	
第五关 祖先的遗产	
第六关 穿越火线	
第七关 红色的洗礼	
第八关 长城守卫者	
第九关 长城上的美食	
第十关 筑起新的长城	

研学活动即将开始了，希望同学们可以在此次研学活动中，互助互爱，团结协作，让活动有收获，内心亦丰盈！

长城研学延展课

学习目标

> 同学们，本部分内容我们要学习用多种形式表现研学成果，学会发现他人的优点，"取人之长，补己之短"。

一、回顾精彩瞬间

> 保护好长城，就是保护好中华民族生生不息的根脉。
>
> ——习近平

> 长城凝结着中国古代劳动人民的血汗和智慧，积淀着中华文明博大精深的文化内涵。长城主题研学活动就是走进长城文化的最有效的实践活动。让我们一起回顾这次研学活动的精彩瞬间。

二、小组评价，交流感受

这次研学活动，既是对个人领导力、沟通力的考验，也是对团队凝聚力的考验。在完成任务的过程中，我们每个人都有机会当一次领袖，这不仅锻炼了自己的胆量和智慧，也感受到团队合作的精神。让我们夸一夸小领袖吧！

研研：

在这次研学活动中，我发现你是个热心肠，乐于帮助同学，有好吃的东西会主动分享给大家。一路上你照顾每一个人，给我们带来了温暖，谢谢你！

你对自己在研学过程中的表现满意吗？

请对照评价表，反思总结。

研学评价表

自我评价	1. 你对活动主题是否一直感兴趣？	□是	□有变化	
	2. 你收集资料是否感到很困难？	□很容易	□有困难	□很困难
	3. 你是否经常与其他同学合作研究？	□经常	□不经常	□很少
	4. 如何做好长城公益讲解员？	□热爱长城	□主动宣传	□保护长城
	5. 你对自己的活动成果是否满意？	□很满意	□满意	□不满意

三、听听家长的心声

作为参加研学活动的家长志愿者，您有什么感受？

长城精神历久弥新，激励着一代又一代的中国人。以长城文化为主题的研学活动开展得很有意义，用这种形式让孩子亲身体会到劳动人民的智慧和伟大。

四、研学成果展示

研学活动结束了，我们的探究却没有结束。让我们梳理成果，展示交流，带动更多的人参与到长城文化研究和长城保护的行动中来。

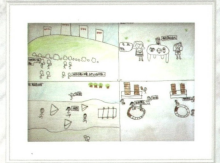

五、颁奖

恭喜你！十项关口过关后，按照级别从低到高，你将获得"文渊阁大学士""文华殿大学士""华盖殿大学士"荣誉称号。

游板厂峪长城，闯文化关口，你被评为

华盖殿大学士

特颁此牒，以期强国